4章 アルゴリズムとプログラム

1節 アルゴリズムと基本構造
2節 プログラムの基礎
3節 プログラムの応用

情報を支えた **偉人** QR

若くして多彩な能力を発揮した科学者
最古の機械式計算機を開発

17世紀に数学や哲学，物理学など幅広い分野で活躍した科学者。パスカルの三角形の発見など，多くの業績がある。徴税官だった父の仕事を楽にするために，機械式計算機を開発した。

遺稿書である「パンセ」には，彼の生前の数学や物理学などの研究を集めたメモや原稿が残されている。

人間は弱い葦である。しかし，それは考える葦である。

ブレーズ・パスカル
生没 1623 年〜1662 年 出身 フランス共和国

Before

税金の計算がなかなか終わらないぞ

お父さんの仕事を手伝うのも大変だ

せっせ せっせ

Action

ふーっ

苦労したけど，歯車の組み合わせで計算できる，計算機を作り上げたぞ

5432 45678

After

－ ×

これで足し算を早く，しかも正確にできる。あとは引き算と掛け算だな

1 節 アルゴリズムと基本構造

料理のレシピと同じように，コンピュータプログラムも処理を順を追って表現することができる。
自分の好きな料理を作る手順は，どのような作業がどのように並んでいるか考えてみよう。

1 アルゴリズム

プログラミングを行ううえで重要なアルゴリズムの基本について学んでいこう。

✓ Key Word

- [ ] アルゴリズム
- [ ] プログラム
- [ ] フローチャート（流れ図）

❶ 流れ図ともいう。フローチャートは，次のような記号で表す（JIS X 0121による）。

名称	記号	内容
端子		流れ図の開始と終了
データ		データ入出力
処理		演算等の処理
判断		条件による分岐
ループ端	始端	ループの開始
	終端	ループの終了
線		制御の流れ
定義済み処理		別の場所で定義された処理

1 問題解決のためのアルゴリズム

　問題解決のための処理手順である**アルゴリズム**をコンピュータで処理できるようにしたものが**プログラム**である。アルゴリズムは，箇条書きや**フローチャート❶**（**流れ図**）などで表すことが多い。箇条書きは，個々の文章を簡潔かつ詳細に記述できる。また，フ　5
ローチャートは処理方法や手順を視覚化でき，使われる記号の意味を共通理解することで共有しやすく修正が容易になる。

　問題解決のためにアルゴリズムを活用する際の一般的な手順は■のような流れとなる。

2 アルゴリズムの例　　　　　　　　　　　　　　　　　10

　料理のレシピ（調理法）は，広く考えればアルゴリズムであるといえる。ここでは，カレーライスを作るためのレシピを例に，二つのアルゴリズムを示す（■）。

　このように，同じ処理をするにも，複数のアルゴリズムが考えられることがある。実行する場合の条件が違うと，効率がよく　15
なったり，悪くなったりすることがある。

1 問題解決のためにアルゴリズムを活用する際の手順

① 問題解決の方法を考える

⬇

② 具体的なアルゴリズムを考える

⬇

③ ②をもとに手続き（プログラムなど）を作成する

⬇

④ 手続きを実行し，答えを得る

2 カレーライスの調理手順の違い

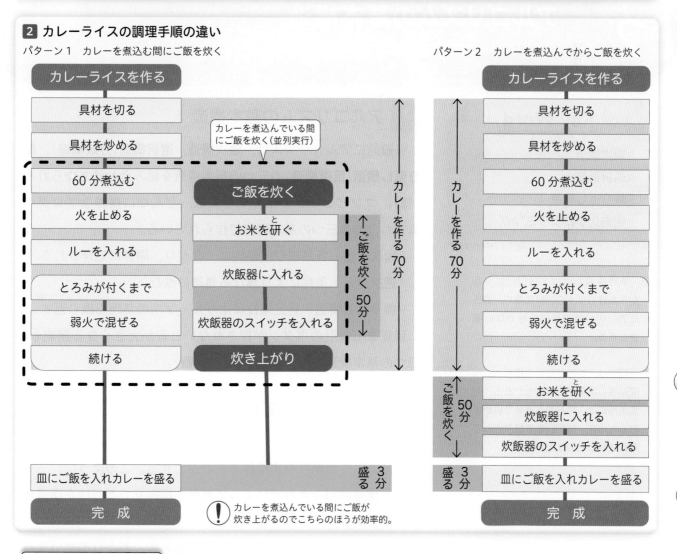

パターン1 カレーを煮込む間にご飯を炊く

カレーライスを作る

具材を切る
具材を炒める

カレーを煮込んでいる間
にご飯を炊く（並列実行）

60分煮込む
火を止める
ルーを入れる
とろみが付くまで
弱火で混ぜる
続ける

ご飯を炊く
お米を研ぐ
炊飯器に入れる
炊飯器のスイッチを入れる
炊き上がり

↑ご飯を炊く50分↓

カレーを作る70分

皿にご飯を入れカレーを盛る　盛る 3分
完成

⚠ カレーを煮込んでいる間にご飯が
炊き上がるのでこちらのほうが効率的。

パターン2 カレーを煮込んでからご飯を炊く

カレーライスを作る

具材を切る
具材を炒める
60分煮込む
火を止める
ルーを入れる
とろみが付くまで
弱火で混ぜる
続ける

カレーを作る70分

お米を研ぐ
炊飯器に入れる
炊飯器のスイッチを入れる

↑ご飯を炊く50分↓

盛る 3分　皿にご飯を入れカレーを盛る
完成

EXERCISE

1 次の料理の手順を箇条書きで書いてみよう。
例：ギョーザ，クッキー

2 お掃除ロボットのアルゴリズムに必要な処理に
は，どのようなものがあるか考えてみよう。

目覚ましのアラームなど，身近なもののアルゴリズムを単純化して考え，簡単に箇条書きやフローチャートで表してみよう。

2 アルゴリズムの基本構造

アルゴリズムの三つの基本構造について学んでいこう。

Key Word

- 順次構造
- 選択構造
- 繰り返し構造
- 構造化プログラミング

❶ 条件を満たせば YES（真）に，満たさなければ NO（偽）に進む。YES と NO の分岐の後に処理がない場合もある。

❷ 判定は，処理前に行う場合と，一度処理した後に行う場合がある。判定条件には，等号や不等号で判断されるものや，特定回数を繰り返して判断されるものなどがある。

❸ プログラム言語ともいう。アルゴリズムをコンピュータで処理できるよう命令する際に使用される言語。

1 アルゴリズムの基本構造

一般的にアルゴリズムは，**順次構造**，**選択構造（分岐構造）**，**繰り返し構造（反復構造）**の三つの基本構造を組み合わせて作られる（**1**）。コンピュータのプログラムは，どんなに複雑なプログラムでも，この三つの基本構造で作られている。

- 順次構造…各処理が直線的につながり，順番に処理される。
- 選択構造…条件により異なる処理に進む。❶
- 繰り返し構造…判定条件によりループ内の処理を繰り返す。❷

目覚まし時計のボタンが押されないと音が大きくなる機能も，三つの基本構造から成り立っている（**2**）。

2 わかりやすいアルゴリズムとプログラム

三つの基本構造を組み合わせることで，高度な処理が必要なアルゴリズムもわかりやすく作ることができる。このように，三つの基本構造の組み合わせによって処理を組み立てる方法を**構造化プログラミング**という。

アルゴリズムやプログラムを作成するとき，わかりやすいように作ることで，修正・変更が容易になる。他人と協同で作業を行う場合などを考え，誰が見ても理解しやすいアルゴリズムやプログラムを作るように心掛けることが大切である（❸）。

0110 0010
62

1 基本構造の特徴と例

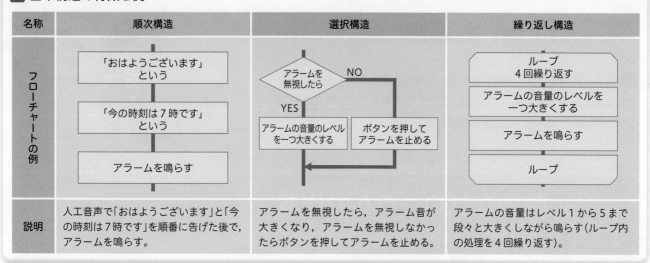

名称	順次構造	選択構造	繰り返し構造
フローチャートの例	「おはようございます」という → 「今の時刻は7時です」という → アラームを鳴らす	アラームを無視したら → YES: アラームの音量のレベルを一つ大きくする / NO: ボタンを押してアラームを止める	ループ 4回繰り返す → アラームの音量のレベルを一つ大きくする → アラームを鳴らす → ループ
説明	人工音声で「おはようございます」と「今の時刻は7時です」を順番に告げた後で，アラームを鳴らす。	アラームを無視したら，アラーム音が大きくなり，アラームを無視しなかったらボタンを押してアラームを止める。	アラームの音量はレベル1から5まで段々と大きくしながら鳴らす（ループ内の処理を4回繰り返す）。

2 基本構造を組み合わせたアルゴリズムの例

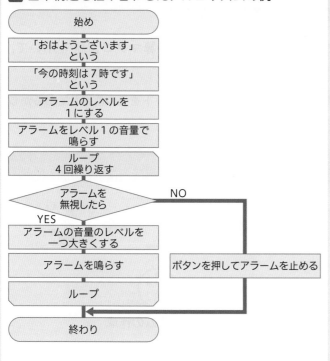

3 プログラムやアルゴリズムをわかりやすくするためのおもな注意点

注意点	内容	理由
略号・記号をわかりやすくする	一定の規則に則り，理解しやすい略号や記号を作って活用する。	記号や略号の形式が統一されていなかったり，省略され過ぎていたりすると，ほかの人が見て何を意味しているのかわからなくなる。
処理の内容などを明示する	処理の内容や注意事項について，ほかの人が理解しやすいよう，コメント（メモ）が入れられるプログラミング言語❸の場合は，コメントを書く。	記述されたプログラムがとても大きな場合など，フローチャートやプログラムを見ただけでは，処理の内容などが理解しにくいことが多い。
繰り返し構造を多重化しない	安易に繰り返し構造の中に繰り返し構造を入れないよう，処理の流れを検討する。また，繰り返し構造の多重化を制限する。	繰り返しの中に繰り返しが入り，その中にまた繰り返しが入るなど，繰り返し構造がいくつも重なると処理の流れが理解しにくくなる。
選択・繰り返しの条件を複雑にしない	条件が単純な形になるよう，選択構造や繰り返し構造を使う前に処理してから使う。	選択や繰り返すための条件が複雑だと，各処理がどのように行われるのかわかりにくくなる。

※実際のプログラムでは，実行時の効率にも注意する必要がある。

· EXERCISE ·

1 音量が大きくなる前に，ボタンを2回連続で押さないとアラームが止まらないアルゴリズムをフローチャートで表してみよう。

2 2人でジャンケンするときに自分がグーを出したとする。このとき「相手の手がチョキ」の場合は自分が勝ち，「相手の手がパー」の場合は負け，「相手の手がグー」の場合はあいこと判定をするアルゴリズムをフローチャートで表してみよう。

2 節 プログラムの基礎

コンピュータを使って問題を解決する方法の一つにプログラミングがある。

どのような処理を行うのかをしっかりと理解したうえで，コンピュータで効率よく処理できるように処理の流れを整理すると，よりスムーズにプログラミングが行えることを確認してみよう。

ここは繰り返し構造を使って3回繰り返して…

1 | 簡単なプログラムの作成

プログラミング言語を使って，複数の画像を表示するプログラムを作ってみよう。

✓ Key Word

□ 入れ子構造（ネスト）

❶ 表計算ソフトウェアなどで，処理の自動化などに使用される。

1 画像を表示するプログラム

プログラミング言語の一つである表計算マクロ言語❶を用いて，画像を表示するプログラムを作成する。

※使用する画像は，表計算ソフトウェアのシートを三つ使用してあらかじめ作成しておく。

5

例題 1 順次構造と繰り返し構造のプログラミング

三つのシートを3回繰り返して次々に表示するプログラムを作成し，簡単なアニメーションを作ってみよう。

STEP 1 考え方

・セルに色を付けて絵を描いたシートを3枚用意し，次々に表示させる
・各画像を表示する時間を指定する(一つの画像を表示する時間は一瞬なので，各画像を表示したまま1秒間ずつ待機させる)
・3回繰り返す

STEP 2 処理の流れ

①プログラムを開始する(マクロの実行がクリックされる)。
②指定した回数(3回)③～⑧を繰り返す。
③シート1を表示する。
④1秒間そのまま待機する。
⑤シート2を表示する。
⑥1秒間そのまま待機する。
⑦シート3を表示する。
⑧1秒間そのまま待機する。

STEP 3 プログラムの作成

```
Sub Flower1()
   For i = 0 To 2
      Worksheets(1).Select
      Application.Wait(Now + TimeValue("0:00:1"))
      Worksheets(2).Select
      Application.Wait(Now + TimeValue("0:00:1"))
      Worksheets(3).Select
      Application.Wait(Now + TimeValue("0:00:1"))
   Next i
End Sub
```

・Forの後に繰り返しの条件を記述している。
・Application.Wait(Now + TimeValue("0:00:1"))により，実行された時(Now)から1秒(TimeValue("0:00:1"))の間マクロの実行を停止(Application.Wait)させている。

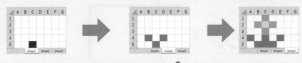

例題1で使用したシートにもう1枚シートを追加し，複数のキーを押して，シートを選択できるプログラムを作ってみよう。

①のキーが押される

シート1

シート2

シート3

②のキーが押される

シート4

①と②以外のキーが押される

シート2

4章
①
②
③

STEP 1
考え方

- シート1とシート2を順番に表示する
- シートを表示する時間を指定する（一つのシートを表示する時間は一瞬なので，シート1を表示したまま1秒間待機させる）
- ①のキーが押されたらシート3を表示し，②のキーが押されたらシート4を表示し，それ以外のキーが押されたらシート2を表示する

STEP 2
処理の流れ

①プログラムを開始する（マクロの実行がクリックされる）。
②シート1を表示する。
③1秒間そのまま待機する。
④シート2を表示する。
⑤いずれかのキーが押されるまで待つ。
⑥①のキーが押された？
　YES→シート3を表示する。
　NO →⑦へ
⑦②のキーが押された？
　YES→シート4を表示する。
　NO →⑧へ
⑧①と②以外のキーが押されたらシート2を表示する。

STEP 3
プログラムの作成

```
Sub Flower2()
  Worksheets(1).Select
  Application.Wait(Now + TimeValue("0:00:1"))
  Worksheets(2).Select
  Application.Wait(Now + TimeValue("0:00:1"))
  x = InputBox("数字を入力")
  If x = 1 Then
    Worksheets(3).Select
    Application.Wait(Now + TimeValue("0:00:1"))
  ElseIf x = 2 Then
    Worksheets(4).Select
    Application.Wait(Now + TimeValue("0:00:1"))
  Else
    Worksheets(2).Select
    Application.Wait(Now + TimeValue("0:00:1"))
  End If
End Sub
```

- InputBoxは，入力ボックスを表示する。
- Ifの後に選択の条件を記述し，条件が真（Yes/True）のときに実行する処理を続けて記述する。偽（No/False）のときの処理は，Elseに続けて記述し，選択が複数あるときは，ElseIfを使う。

※選択構造の中にもう一つ選択構造を入れることもできる。ある処理の中にもう一つの処理が入っている構造のことを**入れ子構造（ネスト）**という。

EXERCISE

1 例題1のプログラムを変更し，四つ目のシートとして例題2のシート4を表示するようにしてみよう。

2 例題2のプログラムを変更し，③のキーを押すとシート2を表示し，それ以外のキーが押されると「1か2か3のキーを押してください」と表示するようにしてみよう。

プログラミングを行う場合，同じ値を何度も利用する場合がある。桁数が多いような値を何度も入力するのは大変である。

このような場合，どのようにすればプログラミングが簡単になるか考えてみよう。

2 | プログラムと変数

プログラムにおける変数の役割を学んでいこう。

✓ Key Word

- [ ] 変数・変数名
- [ ] 代入
- [ ] バグ・デバッグ

❶ 値を格納するメモリ上の箱のようなもの。数字や文字などを格納して用いられることが多い。これを利用するためには名前（**変数名**）を付ける。

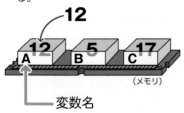

変数名

❷ 数学では，「A = 3」は「A と 3 が等しい」ことを意味する。

1　変数の働き

プログラムでは**変数**❶に値を格納して使うことが多い。実際のプログラムの中では，変数に格納された値を処理し，変数どうしで値をやり取りして計算する場合も多い。

もし変数に値を格納して利用しなければ，プログラム上に必要なすべての値を直接記述する必要があり，変更や修正が発生すると作業が煩雑になる。

2　変数の代入

変数に値を格納することを**代入**という。多くのプログラミング言語では，変数への代入に「＝」が使われる（→巻末④）。

例えば，変数 A に 3 を代入する場合は，「A = 3」と記述する。左辺と右辺が等しいことを示す数学とは意味が異なる❷。

よって，代入では「変数 A に代入している値に 1 を加えたものを，改めて変数 A に格納する」というような操作が可能になる。代入に「＝」を使うプログラミング言語では，「A＝A＋1」のように記述される。

例題③ 変数による合計金額の計算

10円，50円，100円の3種類の硬貨の合計枚数と合計金額を計算するプログラムを作成してみよう。

STEP 1
考え方

・10円，50円，100円の3種類の硬貨の枚数をそれぞれ入力する
・3種類の硬貨の合計枚数を計算して表示する
・10円の枚数×10，50円の枚数×50，100円の枚数×100，の三つの掛け算の結果を足して合計金額を求め，表示する

STEP 2
処理の流れ

①「10円硬貨は何枚？」と表示して入力を待つ。
②入力された値を，整数として変数 coin10 に格納する。
③変数 coin50，変数 coin100 についても同様に処理する。
④変数 num に変数 coin10，変数 coin50，変数 coin100 に格納されている枚数の合計を格納する。
⑤「合計枚数は『num』枚です」と表示する。
⑥変数 total に変数 coin10×10+変数 coin50×50+変数 coin100×100 の計算結果を格納する。
⑦「合計金額は『total』円です」と表示する。

STEP 3
プログラムの作成

```
Sub Gokei()
  Dim coin10 As Integer, coin50 As Integer, coin100 As Integer, _
    num As Integer, total As Integer

  coin10 = InputBox("10円硬貨は何枚?")
  coin50 = InputBox("50円硬貨は何枚?")
  coin100 = InputBox("100円硬貨は何枚?")

  num = coin10 + coin50 + coin100
  MsgBox "合計枚数は " & num & "枚です"
  total = coin10 * 10 + coin50 * 50 + coin100 * 100
  MsgBox "合計金額は " & total & "円です"
End Sub
```

・変数を利用するには，事前に名前とデータ型を「Dim 変数名 As データ型」で宣言する。データ型には，Integer（整数型），String（文字列型），Variant（さまざまな型を格納できるバリアント型）などがある。
・2～3行目は1行の文字数が多いため，2行目の文末にある「_」により2行にしている。
・InputBox から入力された値は文字列型だが，代入先の変数が整数型のため，代入時に整数型に変換されている。
・MsgBox は，指定したメッセージとボタンを表示する（ここではメッセージのみ表示している）。

💡 **デバッグ**

プログラムの欠陥(けっかん)や不具合のことを**バグ**(bug= 虫)といい，このバグをプログラムから取り除く修正作業のことを**デバッグ**(debug)という。

バグには，誤記などプログラムとして正しく記述されていないものと，プログラムとしては正しく記述されていても作成者の意図しない実行結果となっているもの，指定したファイルが指定場所に存在しないといった実行エラーによるものなどがある。

開発環境により，プログラムの実行時にバグなどによって不具合が発生したことをエラー表示する場合がある。エラーの表示がない開発環境の場合は，プログラムの途中で計算結果を表示させて確認するなどといったデバッグのための工夫が必要となる。

● EXERCISE ●

1 例題3のプログラムを変更し，100円硬貨の代わりに500円硬貨の枚数を数え上げ，そのときの合計金額も計算するようにしよう。

2 10円，50円，100円，500円の硬貨のみで募金活動を行い，合計金額の計算と，目標金額に到達したか判断できるようにしよう。

3 節 プログラムの応用

プログラミングにおいて，定期テストごとの各教科の点数比較などを行う場合は，変数を使っても複数の変数を何度も入力しなければならず，大変である。このような場合には，どのようにすればプログラミングが容易になるか考えてみよう。

1 配列とリスト

配列やリストを使って，効率よく数値を処理してみよう。

1 配列とリスト

複数の変数をひとかたまりとして，一つの変数のように扱えるようにしたものに**配列**と**リスト**がある。変数を一つの容器とすると，配列とリストは容器の集合に順番が付けられたものである。

配列は，一般的に，格納するデータについて，整数や文字などの意味内容（データの型）を統一する必要や，データを途中に挿入するのが困難など制約がある。リストは，格納するデータの型を統一する必要がなく，データの追加，削除が容易である❶。

❶ 一般的なリストのデータ構造は，データと次のデータへのリンクをもっている。データの追加や削除が容易というメリットがあるいっぽう，最初のデータから順にたどる必要があるため，データへのアクセスに時間がかかるというデメリットがある。

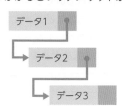

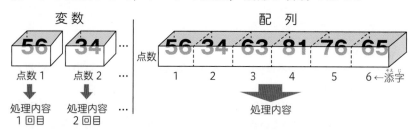

2 変数と配列の処理

複数の変数に同じ処理を行う場合は，変数ごとに同じ処理内容をプログラムの中に記述しないといけない。しかし，配列やリストを用いると，処理内容をプログラムの中に一度記述すれば，格納されている値の順番をさし示す**添字**を変えて，配列やリストの中から値を取り出すだけでよくなる。

例題 ④ 配列を使った棒グラフの作成

学校の食堂で，ある日に注文されたメニューとその売上件数は下の通りである。
この日の売上件数をグラフ化するプログラムを作ってみよう。

定食 11 件，ごはん類 7 件，パン類 13 件，麺類 16 件

STEP 1 考え方

- 配列に数値を格納する
- 配列に格納されている数値を読み出し，数値の数だけ縦に記号を表示する
- 以後，右にずらしながら，配列に格納されている数値を読み出し，記号を表示して棒を描き，グラフを完成させる

STEP 2 処理の流れ

① 配列 num に数値（11，7，13，16）を格納する。
② 列幅を「3」にし，前回描かれたものをすべて消す。
③ 列番号「1」から「4」まで繰り返して記号を表示し，棒を 4 本描く（max 行目（20行目）から「max− 売上数 +1 行目」まで記号を表示）。
→例：定食 11 件の場合，
20−11+1=10 となり，
10 行目から 20 行目まで「■」を 11 個描く。

STEP 3 プログラムの作成

```
Sub Graph1()
  Dim num As Variant
  Dim mark As String
  Dim max As Integer, i As Integer, j As Integer
  max = 20
  Columns("A:Z").ColumnWidth = 3
  ActiveSheet.Cells.Clear
  num = Array(11, 7, 13, 16)
  mark = "■"
  For i = 1 To UBound(num) + 1
    For j = 1 To num(i - 1)
      Cells(max - j + 1, i) = mark
      Cells(max - j + 1, i).Font.ColorIndex = 3
    Next j
  Next i
End Sub
```

- Columns で列を指定し，ColumnWidth で列の幅を指定している。
- Array を使い，カッコ内に「,」（カンマ）で区切られて並んでいる値を配列 num に格納する。
- UBound は，カッコ内に指定した配列で使用できる添字のうち，最も大きなものを返す。
- 表計算マクロ言語の ColorIndex（全56色）の例

ColorIndex	1	2	3	4	5	6	7	8
表示される色								

EXERCISE

1 例題 4 のプログラムの配列に格納されている数値を変更し，プログラムを実行してみよう。20 を超える数を指定するとどうなるか試してみよう。

2 例題 4 の縦棒グラフが横棒グラフになるようプログラムを変更し，グラフを表示しよう。

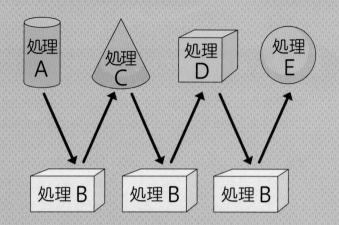

プログラミングを行っていると，ある処理が何度も出てくる場合がある。

そのような場合は，どのようにすれば効率よくプログラミングが行えるか考えてみよう。

2 関数

関数を使って，より複雑なプログラムを書いてみよう。

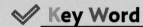

Key Word

- [ ] 関数
- [ ] 組み込み関数
- [ ] ユーザ定義関数

❶ 数学的な計算を行う関数や乱数を発生させる関数などがある。

💡 **さまざまな関数**

関数の中には，もとのプログラムから**引数**と呼ばれる値を渡され，処理が終わった後の値を**戻り値**として返すものがある。

例：AをBで割ったときの余りCを返す関数

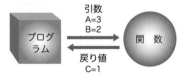

1 関数

　プログラミングにおける**関数**とは，一定の処理をまとめたもので，プログラムの中で必要に応じて呼び出して実行できるものである。一般的に，プログラミング言語にはじめから用意されている**組み込み関数**❶と，プログラム作成者が後から定義する**ユーザ定義関数**の2種類がある。

2 関数の定義

　実際にプログラミングをする場合，組み込み関数だけでは効率よくプログラミングしにくいことが多く，いくつかの命令を組み合わせたものを，メインのプログラムとは別の場所でユーザ定義関数として定義することがある。

　例えば，ある一連の処理を何度も繰り返す場合は，その処理をユーザ定義関数として定義することで，メインのプログラムにその処理全体を何度も記述する必要がなくなり，簡潔にできる。

　また，複雑なプログラムをいくつかのパートに分け，それらをユーザ定義関数として定義することで，プログラムの全体像を把握しやすくなる。

ユーザ定義関数として横棒グラフを描く処理を定義し，色と記号が異なるグラフを三つ描いてみよう。

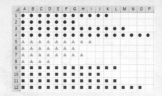

STEP 1 考え方

[メインのプログラム]
- 三つの配列にそれぞれ値を格納する
- 一つ目の配列と記号と色番号を指定して描く
- 二つ目の配列と記号と色番号を指定して描く
- 三つ目の配列と記号と色番号を指定して描く

[ユーザ定義関数の
　　　　プログラム]
- 横棒グラフを描く部分をユーザ定義関数として定義する
- 配列と記号と色番号を引数とする

STEP 2 処理の流れ

[メインのプログラム]
① 前回描かれたものをすべて消す。
② 配列 num1 に数値(11, 7, 13, 16)を格納する。
③ 配列 num2 に数値(9, 7, 8, 4)を格納する。
④ 配列 num3 に数値(12, 10, 12, 15)を格納する。
⑤ ユーザ定義関数 Bar を 3 回呼び出す。

[ユーザ定義関数のプログラム]
① 引数として配列 num，記号 mark，色番号 color を受け取る。
② 行番号「1」から「4」まで次の処理を繰り返して棒を 4 本描く。
　(1) すでに記号がある行の数だけ描画開始位置を下にずらす。
　(2) 1 列目から「配列 num の「行番号 − 1」番目の値」番目の列まで記号を表示する。

STEP 3 プログラムの作成

```
Sub Graph2()
  Dim num1 As Variant, num2 As Variant, num3 As Variant
  Columns("A:Z").ColumnWidth = 3
  ActiveSheet.Cells.Clear

  num1 = Array(11, 7, 13, 16)
  num2 = Array(9, 7, 8, 4)
  num3 = Array(12, 10, 12, 15)

  Call Bar(num1, "●", 3)
  Call Bar(num2, "▲", 4)
  Call Bar(num3, "■", 5)
End Sub

Function Bar(num As Variant, mark As String, color As Integer)
  Dim i As Integer, j As Integer, k As Integer
  k = 1
  Do While Cells(k, 1) <> ""
    k = k + 1
  Loop
  For i = 1 To UBound(num) + 1
    For j = 1 To num(i - 1)
      Cells(i + k - 1, j) = mark
      Cells(i + k - 1, j).Font.ColorIndex = color
    Next j
  Next i
End Function
```

メインのプログラム ／ ユーザ定義関数のプログラム

- ユーザ定義関数の宣言は，Function のあとに関数名とカッコ内に引数を記述し，次の行から関数の処理を記述する。ユーザ定義関数を呼び出して利用するには，Call のあとに関数名（ここでは Bar）に続けてカッコ内に引数を記述する。
- Do While は，あとに記述している条件が成立している間，Loop との間に記述されている処理を繰り返す。条件が最初から成立しない場合，処理は実行されない。
- <> は，左辺と右辺が等しくないことを示す。
- 表計算マクロ言語の ColorIndex（全 56 色）の例

ColorIndex	1	2	3	4	5	6	7	8
表示される色								

4章
① ② ❸

EXERCISE

1 例題 5 のプログラムを変更して配列 num4（任意の値）を追加し，配列 num4 のグラフも表示するようにしてみよう。

2 例題 5 のプログラムに縦棒グラフを描くユーザ定義関数 BarV を追加し，ユーザが「0」を入力したら横棒グラフを，「1」を入力したら縦棒グラフを表示するよう変更してみよう。

実習 9 並べ替えプログラムを作成しよう

1 最も重いものの発見

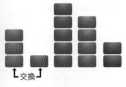
└交換┘

左端から順番に比べて，大きい（重たい）ものを右にする。これを繰り返すことで，一番大きいものが右端にくるわね！

┗交換┛
しない

┗交換┛

┗交換┛

確定
一番大きいものが右端

2 残りの重さの計測

一番大きいものが決定できたんだから…そうか！　残りのもので同じことを繰り返せばいいんだね！

この部分で最大値を決定

確定
この部分で最大値を決定

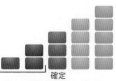
確定
この部分で最大値を決定

```
For i = 4 To 0 Step -1
    For j = 0 To i - 1

        入れ替え操作
        と表示              配列内で大きな
                            数を右に順次移
                            動させる。

    Next j
Next i
```

最初は最大4回の比較・交換がある。処理を繰り返すにつれ，比較・交換回数は1ずつ減少する。

※ i は比較の回数をカウントするための変数

※ j は比較対象となる値を格納している配列numの添字

3 並べ替えのプログラムの作成

今回行う並べ替え(整列，ソート)の方法は，**バブルソート**と呼ばれる，並べ替えの基本的な方法である。バブルソートのプログラムを作っていこう。

① 入れ替え操作のプログラムを作成する

下の図は変数Aと変数Bに入っている数値を入れ替える手順である。

プログラミングの際は，変数に格納されている値の上書きはできるが入れ替えはできないので，数値を一時的に格納する変数(下の図では変数T)を用意するとよい。

```
If num(j) > num(j + 1) Then
  tmp = num(j)
  num(j) = num(j + 1)
  num(j + 1) = tmp
End If
```

①開始　②Aの中身をTにコピー　③Bの中身をAに上書き　④Tの中身をBに上書き

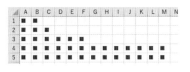

② 乱数を発生させて作った並べ替えたい数値を格納した配列を引数に，グラフを描画する関数を作成する

グラフを描画するユーザ定義関数

```
Function Bar(num() As Integer)
  Dim i As Integer, j As Integer
  ActiveSheet.Cells.Clear
  For i = 1 To 5
    For j = 1 To num(i - 1)
      Cells(i, j) = "■"
      Cells(i, j).Font.ColorIndex = 3
    Next j
  Next i
  Application.Wait(Now + TimeValue("0:00:1"))
End Function
```

4 プログラムの実行

最後まで並べ替えられることを確認しよう(右はメインのプログラム)。

＊配列に格納する数値は，乱数を用いているためランダムに数値が出る。このため，同じ数値が二つ以上ある場合もある。

```
Sub Bubble()
  Dim num(5) As Integer
  Dim i As Integer, j As Integer, tmp As Integer

  Columns("A:Z").ColumnWidth = 3

  Randomize
  For i = 0 To 4
    num(i) = Int(20 * Rnd + 1)
  Next i

  Call Bar(num())

  For i = 4 To 0 Step -1
    For j = 0 To i - 1
      If num(j) > num(j + 1) Then
        tmp = num(j)
        num(j) = num(j + 1)
        num(j + 1) = tmp
        Call Bar(num)
      End If
    Next j
  Next i
End Sub
```

・Rnd は，乱数を発生させる。乱数の発生に規則性が生じないよう Rnd より前に Randomize を記述する。

💡 並べ替えのアルゴリズム

並べ替えのアルゴリズムには，今回取り上げたバブルソートだけでなく，整列範囲の先頭から最後までデータを調べて最小値または最大値を選択し，この結果と先頭を交換していく**選択ソート**や，整列済みのデータの整列状態を保つ位置に，次に整列するデータを挿入していく**挿入ソート**などさまざまな手法がある。

TRY

▶1　比較をする際に「○○と××を比べます」，数値を入れ替える際に「○○と××を入れ替えます」というメッセージを表示する機能をプログラムに追加してみよう。

▶2　メインのプログラムの外部に，入れ替え操作の部分のユーザ定義関数を新たに定義してメインのプログラムから呼び出してみよう。

実習10 ジャンケンゲームを作成しよう

プログラムの実行例

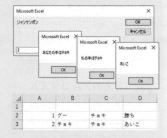

1 ジャンケンゲームのプログラム①

コンピュータはランダムに手を選び，操作する側はキーボードの数字の①と②のキーとそのほかのキーでグー，チョキ，パーを選択するユーザ定義関数を作る。

グー：①ぬ，チョキ：②ふ，パー：その他のキー

2 ジャンケンゲームのプログラム②

次の表を参考にしながら，勝ち負けの判定をするユーザ定義関数を作る。

A：あなた（プレイヤー）　　　B：コンピュータ
Aの手の変数：a　　　　　　　Bの手の変数：b
グーは1，チョキは2，パーは3と数値に変換する

A（あなた）	a	B（コンピュータ）	b	a − b	判定
グー	1	グー	1	0	あいこ
		チョキ	2	-1	あなたの勝ち
		パー	3	-2	あなたの負け
チョキ	2	グー	1	1	あなたの負け
		チョキ	2	0	あいこ
		パー	3	-1	あなたの勝ち
パー	3	グー	1	2	あなたの勝ち
		チョキ	2	1	あなたの負け
		パー	3	0	あいこ

3 ジャンケンゲームのプログラム③

プログラムを作る。

```
Sub Janken()
  Dim k As Integer
  k = 2
  Do While Cells(k, 1) <> ""
    k = k + 1
  Loop
  Cells(k, 1) = k - 1
  Call Judge(You(k), PC(k), k)
End Sub

Function You(k As Integer) As Integer
  Dim hand As Integer
  Dim gcp As String
  hand = InputBox(" ジャンケンポン ")
  If hand = 1 Then
    gcp = " グー "
  ElseIf hand = 2 Then
    gcp = " チョキ "
  Else
    gcp = " パー "
  End If
  Cells(k, 2) = gcp
  MsgBox " あなたの手は " & gcp
  You = hand
End Function

Function PC(k As Integer) As Integer
  Dim hand As Integer
  hand = Int(3 * Rnd + 1)
  If hand = 1 Then
    gcp = " グー "
  ElseIf hand = 2 Then
    gcp = " チョキ "
  Else
    gcp = " パー "
  End If
  Cells(k, 3) = gcp
  MsgBox " 私の手は " & gcp
  PC = hand
End Function

Function Judge(You As Integer, PC As Integer, k As Integer)
  Dim diff As Integer
  Dim hantei As String
  diff = You - PC
  If diff = 0 Then
    hantei = "あいこ"
  ElseIf diff = -1 Or diff = 2 Then
    hantei = "勝ち"
  Else
    hantei = "負け"
  End If
  Cells(k, 4) = hantei
  MsgBox hantei
End Function
```

- メインのプログラム
- 「あなた」のユーザ定義関数
- 「コンピュータ」のユーザ定義関数
- 勝ち負け判定のユーザ定義関数

4章

*ここではコンピュータ単独でプログラムを実行しているが，プログラミング言語によっては，拡張機能を追加することで，「あなたの手」を外部機器から入力するなど，外部のプログラムと連携することも可能である。

TRY

▶ 配列 kekkaPC を作り，コンピュータの出した手の履歴を残すように，上記のプログラムを修正しよう。

Link 実習9 …p.108

① 探索のアルゴリズムと効率 **QR**

複数の数値の中から決まった数値を探し出すことを探索（サーチ）といい，さまざまな方法がある。

ここでは，代表的な探索法である線形探索法と二分探索法について，探索に要する時間を調べている。比較結果は，右表のようになる。

探索法には，それぞれメリットとデメリットがある。これは，実習9で示したバブルソートなどの並べ替えでも同様である。

	特徴	メリット	デメリット	探索回数 （63個の対象から探索する場合）	
				最小探索回数	最大探索回数
線形探索法	先頭から順に探す。	事前に配列を並べ替えるなどの必要がない。	探索目的の数値がどこにあるかで，必要な時間が大きく変化する。	1回	63回
二分探索法	探索範囲にあるデータの中央値と比較して，探索すべき範囲を絞り込む。	配列に格納されているデータ数が大きいほど，線形探索法に比べ平均して高速である。	事前に並べ替える必要がある。	1回	6回

線形探索法のアルゴリズム

一番左の値と比べる

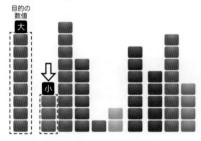

次の数値と比べる

一致するまで続ける

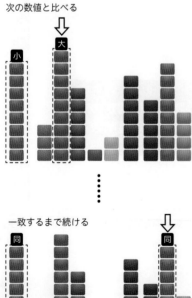

二分探索法のアルゴリズム

①中央値を確認する

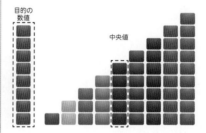

②中央値と目的の数値を比べる

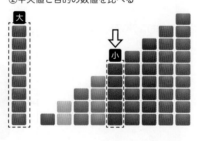

③中央値より大きいので右側のグループから探す

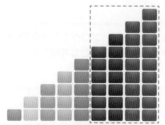

④右側のグループで新しい中央値と比べる

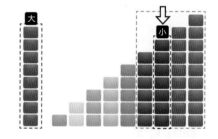

⑤大きいので更に右側のグループで探索する

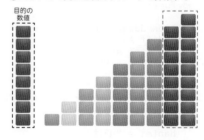

⑥グループの中央値と一致，探索終了

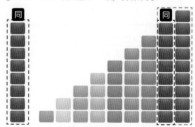

＊偶数個の集団から中央値を求める場合は中央の二つの値の平均であるが，ここでは二つのうち小さいほうを中央値として扱う。

▶ アルゴリズム …p.96

▢ **アルゴリズム**とは，問題解決のための処理手順のことである。

▢ アルゴリズムを表現する方法には，箇条書きや**フローチャート**(流れ図)などがある。

▢ 問題解決のためのアルゴリズムの手順は次のようになる。

❶問題解決の方法を考える。

❷具体的な**アルゴリズム**を考える。

❸❷をもとに手続き(プログラムなど)を作成する。

❹手続きを実行し，答えを得る。

▶ アルゴリズムの基本構造 …p.98

▢ アルゴリズムには三つの基本構造(順次構造・選択構造・繰り返し構造)がある。

❶**順次構造**

フローチャートの上から順に処理を実行する。

❷**選択構造**(分岐構造)

もし条件が満たされていればYES(真)へ進み，そうでなければNO(偽)へ進む。分岐後に必ず処理があるわけではない。

❸**繰り返し構造**(反復構造)

判定条件により，ループ内の処理を繰り返す。判定条件には，おもに次のようなものがある。

・等号や不等号で判断されるもの

・特定回数を繰り返して判断されるもの

▶ 簡単なプログラムの作成／プログラムと変数 …p.100～103

▢ ある処理の中にもう一つの処理が入っている構造のことを，**入れ子構造**(ネスト)という。

▢ プログラムの中で使用する値を格納する箱のようなものを変数という。これを利用するために名前(変数名)を付ける。

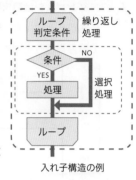

入れ子構造の例

▶ 配列とリスト／関数 …p.104～107

▢ 複数の変数をひとかたまりとして，一つの変数のように扱えるようにしたものに**配列**と**リスト**がある。

▢ プログラミングにおける何らかの機能・手続きのまとまり(処理)をまとめたものを**関数**という。**引数**と呼ばれる値を関数に渡して，関数内部で処理された結果を**戻り値**として返すものがある。

▢ プログラミング言語にはじめから用意されていない処理を，メインのプログラムから呼び出せるように別に定義したプログラムのことを**ユーザ定義関数**という。

章末問題

1 次の文章の空白部分にあてはまる適切な用語を答えなさい。 …p.96～105

アルゴリズムには三つの基本構造として，(1)構造，(2)構造，(3)構造があり，これを組み合わせることで複雑な処理ができる。(3)構造では(3)処理を続けるための条件が必要であり，条件が満たされる間は構造内の処理を行う。プログラムで使われる数値やデータは(4)に格納するとよい。なお，(4)は一つの数値やデータしか保管できないが，(5)を利用することで効率よくデータを処理できることがある。

2 次のアルゴリズムで計算される数値kを答えなさい。 …p.96～103

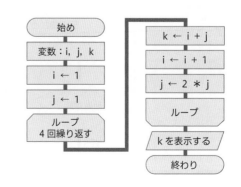

3 次の(1), (2)の処理をするアルゴリズムを箇条書きにしなさい。なお，必要に応じて変数(i, j, n, x, yなど)を使用すること。　　　…p.96

(1)　1から100までの整数の和を表示

(2)　1からnまでの正の整数の合計がはじめて1000より大きくなるときのnを表示

4 ダンゴムシは障害物(壁)に出くわしたとき，まず左に曲がると次は右，その次は左…，と左右交互に曲がって障害物(壁)を回避する習性があるといわれる。

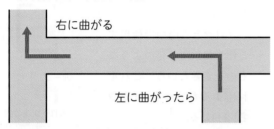

次の(1), (2)に示す回避行動のアルゴリズムを，それぞれフローチャートで表しなさい。ただし，使える図記号は以下のものだけとするが，一つの図記号を何度使用してもよい。

…p.96〜99

(1)　前進して障害物に出くわしたときは，必ず左にだけ曲がることを繰り返す回避行動のアルゴリズム

(2)　左右交互に曲がり，障害物を回避するダンゴムシの回避行動のアルゴリズム

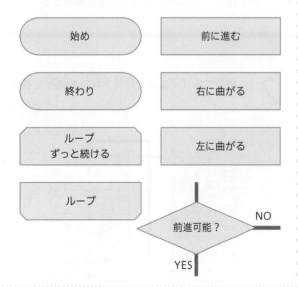

5 次のプログラムは，入力された数値の正の約数の個数を求めるプログラムである。プログラム中の①〜④の部分に入る最も適切なものを，下のア〜カから選び，記号で答えなさい。　　　…p.100〜103

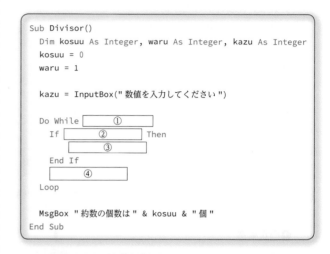

```
Sub Divisor()
  Dim kosuu As Integer, waru As Integer, kazu As Integer
  kosuu = 0
  waru = 1

  kazu = InputBox("数値を入力してください")

  Do While    ①
    If    ②    Then
         ③
    End If
       ④
  Loop

  MsgBox "約数の個数は " & kosuu & " 個"
End Sub
```

ア. waru >= kazu

イ. kazu >= waru

ウ. kazu Mod waru = 0

エ. waru Mod kazu = 0

オ. waru = waru + 1

カ. kosuu = kosuu + 1

※ a Mod b は，a を b で割った余りを表す。

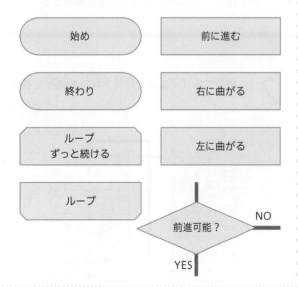

2 （チャレンジ！）プログラミング言語を使ったシミュレーション

プログラミング言語を使用して，20歩目に円の中にいる確率をモデル化
し，シミュレーションしてみよう。

例えば，1人が25回分の結果を記録すると，40人クラスで1000回分のデータが得られるね。そこからおおよその確率を求めることができるよ。

5章

モデル化とシミュレーションの手順（表計算マクロ言語の例）

```
Sub Move()
  Dim x As Integer, y As Integer, i As Integer, muki As Integer
  Dim kyori As Double

  ActiveSheet.Cells.Clear
  ActiveSheet.DrawingObjects.Delete
  ActiveWindow.DisplayGridlines = False

  Range("1:30").RowHeight = 30
  Range("1:30").ColumnWidth = 3.7
  Range("1:30").HorizontalAlignment = xlCenter

  Set en = ActiveSheet.Shapes.AddShape(msoShapeOval, 285, 285, 300, 300)
  en.Line.ForeColor.RGB = RGB(255, 0, 0)
  en.Fill.Visible = 0

  x = 15
  y = 15
  Cells(x, y).Interior.ColorIndex = 5

  For i = 1 To 20
    Application.Wait Now + TimeValue("0:00:01")
    Cells(x, y).Interior.ColorIndex = 15
    Randomize
    muki = Int(4 * Rnd + 1)
    If muki = 1 Then
      x = x + 1
    ElseIf muki = 2 Then
      y = y + 1
    ElseIf muki = 3 Then
      x = x - 1
    ElseIf muki = 4 Then
      y = y - 1
    End If
    Cells(x, y).Interior.ColorIndex = 5
  Next i

  kyori = Round(Sqr((x - 15) ^ 2 + (y - 15) ^ 2), 2)

  If kyori > 5 Then
    MsgBox "原点からの距離は " & kyori & " mで，半径 5m を超えました "
  Else
    MsgBox "原点からの距離は " & kyori & " mで，半径 5m 以内です "
  End If
End Sub
```

円を描く。
・楕円のオートシェイプ（msoShapeOval）
・左端285，上端285，横幅300，縦幅300
　→15行15列が円の中心となる
（移動先の列番号や行番号がマイナスになる確率を低くするよう円の位置と移動開始位置を調整）

セルの高さ
30ポイント

手順①　方角の決定

移動する方角を東西南北からランダムに決定（1，2，3，4の乱数）し，変数 muki に代入する。

手順②　移動先セル番号の決定

手順①で決定した方角に対する列番号と行番号を決定する。

手順③　移動後のセルの塗り潰し

手順②で決定した列番号と行番号のセルを赤で塗りつぶす。

手順④　開始セルからの距離

変数 x，変数 y を使用して三平方の定理により開始セルからの距離を求め，変数 kyori へ代入する。
※ Round()…四捨五入
　Sqr()…平方根

手順⑤　円内判定

変数 kyori の値が5より大きければ「半径5mを超えました」という判定，5以下であれば「半径5m以内です」という判定を表示させる。

TRY

▶ 歩数を30歩，40歩，50歩，…と増やしていった場合，円の中にいる確率はどれぐらいになるだろうか。モデルを変更してシミュレーションしてみよう。

1 アルゴリズムと基本構造

❶ アルゴリズム　　　　　　　　　　　　　　　　　📖 教科書　p.96〜97
❷ アルゴリズムの基本構造　　　　　　　　　　　　📖 教科書　p.98〜99

✳ SUMMARY

❶ 問題解決のためのアルゴリズム／アルゴリズムの例　　　　　　　📖 p.96〜97

問題解決のための処理手順である（①　　　　　　　　　）をコンピュータで処理できるようにしたものが（②　　　　　　　　　）である。（①）は，箇条書きや（③　　　　　　　　　）（流れ図）などで表すことが多い。

●フローチャートで使われる記号（JIS X 0121 による）

名称	記号	内容
端子		（④　　　　　　）
データ		（⑤　　　　　　）
処理		（⑥　　　　　　）
判断		（⑦　　　　　　）

名称		記号	内容
ループ端	始端		（⑧　　　　　　）
	終端		（⑨　　　　　　）
線			（⑩　　　　　　）
定義済み処理			（⑪　　　　　　）

❷ アルゴリズムの基本構造／わかりやすいアルゴリズムとプログラム　　📖 p.98〜99

一般的にアルゴリズムは，（①　　　　　　　）構造，（②　　　　　　　）構造（分岐構造），（③　　　　　　　）構造（反復構造）の三つの基本構造を組み合わせて作られる。この三つの基本構造の組み合わせによって処理を組み立てる方法を（④　　　　　　　　　）という。

●基本構造の特徴と例

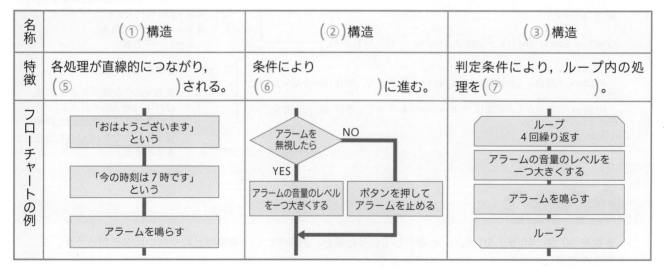

名称	（①）構造	（②）構造	（③）構造
特徴	各処理が直線的につながり，（⑤　　　　　　）される。	条件により（⑥　　　　　　）に進む。	判定条件により，ループ内の処理を（⑦　　　　　　）。
フローチャートの例	「おはようございます」という／「今の時刻は7時です」という／アラームを鳴らす	アラームを無視したら → NO／YES → アラームの音量のレベルを一つ大きくする／ボタンを押してアラームを止める	ループ 4回繰り返す／アラームの音量のレベルを一つ大きくする／アラームを鳴らす／ループ

1 自動ドアのアルゴリズムに必要な処理には，どのようなものがあるか考え，箇条書きで書いてみよう（例：一定の距離内に物体を感知したら開く）。知 技 思 判 表

・
・
・

2 地点Pで北向きに立っているA君が，右のフローチャートに従って移動する。フローチャート実行後にA君が立っている位置と向いている方角を下のア～エから選び，記号で答えなさい。思 判 表

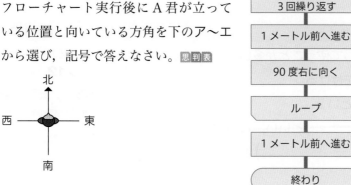

ア　最初と同じ位置で北向き

イ　最初と同じ位置で西向き

ウ　地点Pから北へ1メートルの位置で北向き

エ　地点Pから北へ3メートルの位置で西向き

3 入力された犬の体重から，10kg未満は小型犬，10kg以上は中・大型犬と表示する処理の流れをフローチャートで表した右の図について，①～③に入る条件・処理の組み合わせを下のア～エから二つ選び，記号で答えなさい。思 判 表

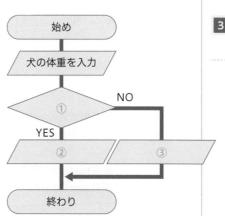

ア　①10kg未満か　②中・大型犬と表示　③小型犬と表示

イ　①10kg未満か　②小型犬と表示　③中・大型犬と表示

ウ　①10kg以上か　②中・大型犬と表示　③小型犬と表示

エ　①10kg以上か　②小型犬と表示　③中・大型犬と表示

4章 アルゴリズムとプログラム

2 プログラムの基礎

1 簡単なプログラムの作成
2 プログラムと変数

📖 教科書 p.100〜101
📖 教科書 p.102〜103

❋ SUMMARY

1 アニメーションのプログラム
📖 p.100〜101

ある処理の中にもう一つの処理が入っている構造のことを（① 　　　　　　　　　）（ ネスト ）という。

2 変数の働き／変数の代入
📖 p.102〜103

プログラムでは（① 　　　　　　）に値を格納して使うことが多い。（①）を
利用するためには名前（（② 　　　　　　））を付ける。

（①）に値を格納することを（③ 　　　　　　）という。

プログラムの欠陥や不具合のことを（④ 　　　　　　）といい，この（④）を
プログラムから取り除く修正作業のことを（⑤ 　　　　　　）という。

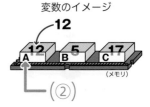

変数のイメージ

（メモリ）

▶ PRACTICE

1 代入に「=」を使うプログラミング言語の場合，(1)〜(3)について示されたすべての行を処理した後，変数Aの値が何になるか答えなさい。知技

(1) 1行目：A = 1
　　2行目：A = A + 1

(2) 1行目：A = 2
　　2行目：A = A * 3

(3) 1行目：A = 1
　　2行目：A = A + 1
　　3行目：A = 5

1	
(1)	
(2)	
(3)	

2 右のプログラムを実行したとき，表示される値を答えなさい。知技

```
Sub Calc()
    Dim num As Integer    '整数型変数numを宣言
    Dim ans As Integer    '整数型変数ansを宣言

    num = 5               '変数numに5を代入
    ans = 1               '変数ansに1を代入

    Do Until num = 1      'num=1になるまで繰り返す
      ans = ans * num     'ans*numをansに代入
      num = num - 1       'num-1をnumに代入
    Loop                  '繰り返しの終了

    MsgBox ans            'ansをメッセージボックスに表示
End Sub
```

2	

3 次のプログラムは，入力された本体価格と税率から税込み金額を求めるものである。プログラム作成時に使った変数を下のア〜オからすべて選び，記号で答えなさい。 知 技 思 判 表

```
Sub Tax()
    Dim price As Integer        '整数型変数priceを宣言
    Dim rate As Integer         '整数型変数rateを宣言

    '入力された本体価格をpriceに代入
    price = InputBox("本体価格はいくら？")
    '入力された消費税率をrateに代入
    rate = InputBox("消費税率は何％？")

    '税込み金額をメッセージボックスに表示
    MsgBox Round(price * (1 + rate / 100))
End Sub
```

ア price　　イ rate　　ウ 税込み金額　　エ 100　　オ 1

3

4 1から30まで順に数を数えていき，3で割り切れる場合は「Fizz!」，5で割り切れる場合は「Buzz!」，3と5の両方で割り切れる場合は「FizzBuzz!」を数の代わりにいう言葉遊びをプログラムで再現したい。次のプログラム中の①〜⑦の部分に入る最も適切なものを右のア〜キから選び，記号で答えなさい。 思 判 表

4

①	②
③	④
⑤	⑥
⑦	

※③④と⑤⑥は順不同

```
Sub FizzBuzz()
    Dim num As Integer              '整数型変数numを宣言
    Dim str As String               '文字列型変数strを宣言
    For num = 1 To 30               '変数numを1から30まで増やしながら繰り返す
        If num Mod ( ① ) = 0 Then    'num/( ① )の余りが0の場合
            str = str & "( ② )" & " "    '( ② )を文字列strに追加
        ElseIf num Mod ( ③ ) = 0 Then 'それ以外でnum/( ③ )の余りが0の場合
            str = str & "( ④ )" & " "    '( ④ )を文字列strに追加
        ElseIf num Mod ( ⑤ ) = 0 Then 'それ以外でnum/( ⑤ )の余りが0の場合
            str = str & "( ⑥ )" & " "    '( ⑥ )を文字列strに追加
        Else                         'それ以外の場合
            str = str & ( ⑦ ) & " "      '( ⑦ )を文字列strに追加
        End If
    Next num

    MsgBox str                      '文字列strをメッセージボックスに表示
End Sub
```

ア 3

イ 5

ウ 15

エ num

オ Fizz!

カ Buzz!

キ FizzBuzz!

③ プログラムの応用

1 配列とリスト 教科書　p.104〜105
2 関数 教科書　p.106〜107

✳ SUMMARY

① 配列とリスト／変数と配列の処理 　　　　📖 p.104〜105

複数の変数をひとかたまりとして，一つの変数のように扱えるようにしたものに（①　　　　　　　）と
（②　　　　　　　）がある。格納されている値の順番をさし示す（③　　　　　　　）を変えて，値を取り出したり
格納したりする。

> **比較** 　六つの値の合計を求める処理の流れ（変数「合計」を使用）

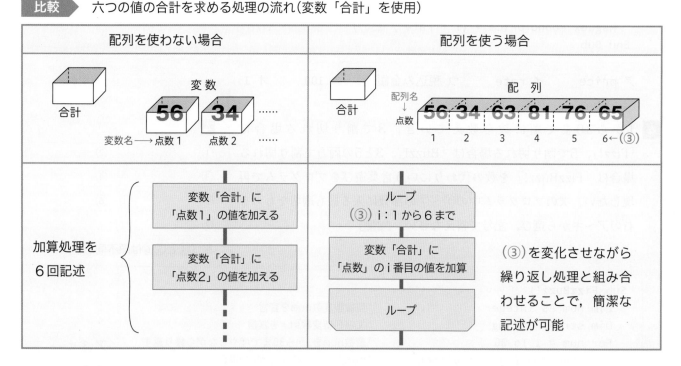

② 関数／関数の定義 　　　　📖 p.106〜107

プログラミングにおける（①　　　　　　　）とは，一定の処理をまとめたものである。プログラミング言語にはじめ
から用意されている（②　　　　　　　）と，プログラム作成者が
後から定義する（③　　　　　　　）の２種類がある。

AをBで割ったときの余りCを返す関数について考える。この関
数を呼び出すもとのプログラムは，AとBに値を入れて関数に渡す。
このAとBを（④　　　　　　　）と呼ぶ。関数側ではAとBから余り
Cを求め，もとのプログラムに返す。このCを（⑤　　　　　　　）と
呼ぶ。

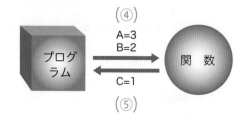

PRACTICE

1 右の図は，10クラスの合計人数を変数「合計」に代入して表示するアルゴリズムをフローチャートで表したものである。各クラスの人数は配列「クラス人数」に入っており，この配列のi番目の値を「クラス人数[i]」と記述する。また，配列の添字iは0から始まることとして，①〜⑤に最も適切なものを下のア〜クから選び，記号で答えなさい。なお，記号は複数回使用してよい。 思 判 表

ア 0　　イ 1　　ウ 9　　エ 10
オ 合計　　　カ クラス人数
キ 合計[i]　　ク クラス人数[i]

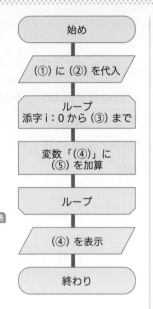

始め
↓
(①) に (②) を代入
↓
ループ
添字 i：0 から (③) まで
↓
変数「(④)」に (⑤) を加算
↓
ループ
↓
(④) を表示
↓
終わり

1
① ....
② ....
③ ....
④ ....
⑤ ....

2
(1) ....
(2) ① .... ② ....
　　③ ....

2 右のプログラムは，二桁の数を二人がそれぞれ入力し，その和の下一桁の数で有効期間を表す配列array1，積の下一桁の数で相性を表す配列array2の添字を決定して相性診断するものである。 知 技 思 判 表

(1) ユーザ定義関数の引数名（関数を定義したとき作成した引数名）を答えなさい。

(2) ①〜③で示した箇所にあてはまる数を答えなさい。

下一桁の数	添字
0, 1	0
2〜4	1
5〜9	2

```
Sub Pal()
  Dim num1 As Integer              '整数型変数num1を宣言
  Dim num2 As Integer              '整数型変数num2を宣言
  Dim array1 As Variant            'Variant型変数array1を宣言
  Dim array2 As Variant            'Variant型変数array2を宣言
  Dim index1 As Integer            '整数型変数index1を宣言
  Dim index2 As Integer            '整数型変数index2を宣言
  '配列に初期値を代入
  array1 = Array("永久に", "今月は", "今日は")
  array2 = Array("抜群！！", "まあまあ", "ごく普通")
  '入力された2桁の数値を変数に代入
  num1 = InputBox("あなたの好きな2桁の数は？")
  num2 = InputBox("友達の好きな2桁の数は？")
  '二つの数の和と積から添字をそれぞれ決定
  index1 = FuncList(num1 + num2)
  index2 = FuncList(num1 * num2)
  '相性を表示
  MsgBox "相性は・・・" & array1(index1) & array2(index2)
End Sub


'添字を決定する関数
Function FuncList(number As Integer) As Integer
  If number Mod (①) < (②) Then       'number÷(①)の余りが(②)より小さい場合
    FuncList = 0                       '戻り値を0にする
  ElseIf number Mod (①) < (③) Then   'number÷(①)の余りが(③)より小さい場合
    FuncList = 1                       '戻り値を1にする
  Else                                 'その他の場合
    FuncList = 2                       '戻り値を2にする
  End If
End Function
```

4章 アルゴリズムとプログラム

✓ 章末問題

1 右の図は，ストップウォッチの表示アルゴリズムのフローチャートである。ただし，分の表示は 60 分で 0 分にリセットされることとする。　📖 p.98

(1) ①～⑤に記述する処理を下のア～オからそれぞれ選び，記号で答えなさい。 [思][判][表]

　ア 「秒表示」を 0 にする

　イ 「分表示」を 0 にする

　ウ 「秒表示」を ＋1 する

　エ 「秒表示」が 60 か？

　オ 「分表示」が 60 か？

(2) ②および④から出ている矢印が終点とする直前の処理の番号を書きなさい。例：処理③と④の間→「③」 [思][判][表]

(3) 毎実行時に 0 分 0 秒から開始するにはどうすればよいか答えなさい。 [思][判][表][主態]

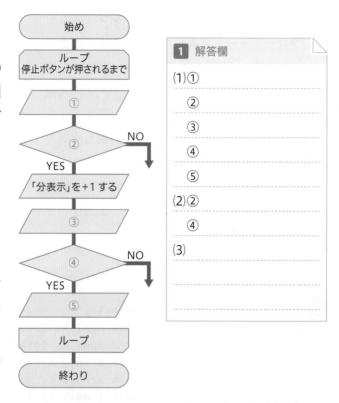

解答欄

(1)①

　②

　③

　④

　⑤

(2)②

　④

(3)

2 次のプログラムは，コンピュータが乱数を用いて決めた2桁の整数を当てる数当てゲームのプログラムである。

📖 p.102

(1) 変数「flag※」を使い，当たった場合は繰り返し処理を行わないようにしたい。①～④をどこに挿入すればよいか，最も適切なものを，ア～カから選び，記号で答えなさい。 [知][技][思][判][表]

　※ 1/0, True/False, YES/NOなどの2値（真偽値）を取る変数を，状況変化の判断のために使うことがある。このような使い方をする変数をフラグという。

① If flag = False Then
　　End If

② Dim flag As Boolean

③ flag = False

④ flag = True

```
    Sub HitNum()
      Dim target As Integer        '整数型変数targetを宣言
      Dim num As Integer           '整数型変数numを宣言
A     Dim i As Integer             '整数型変数iを宣言

      Randomize                    '乱数を初期化
B     target = Int(Rnd * 90 + 10)  'targetに乱数で2桁の整数を代入

C     For i = 0 To 9               '0～9まで繰り返す
D       num = InputBox("2桁の数字を当てて") '入力数字をnumに代入
E       If num = target Then       'numとtargetが等しい場合
          MsgBox "あなたの勝ち！"    'あなたの勝ち！と表示
F       ElseIf num > target Then   'num>targetの場合
          MsgBox "それより下"       '「それより下」と表示
        Else                       'そのほかの場合
          MsgBox "それより上"       '「それより上」と表示
G       End If
H     Next i
    End Sub
```

ア Cから H の外側を囲む位置　　イ Dから G の外側を囲む位置

ウ E の直後　　エ A の直後　　オ F の直後　　カ B の直後

(2) さらに，10回すべて不正解の場合に「あなたの負け！」というように改良したい。下のブロックをどこに挿入すればよいか，最も適切なものを，ア〜エから選び，記号で答えなさい。 思 判 表

```
If flag = False Then
    MsgBox "あなたの負け！"
End If
```

ア B の直後　　イ C の直後
ウ G の直後　　エ H の直後

3 下の図は，最高気温を求めるアルゴリズムのフローチャート A と，真夏日（30 度以上）・夏日（25 度以上）の日数を求めるアルゴリズムのフローチャート B である。30 日間の気温データが配列「気温」に入っており，この配列の i 番目の値を「気温[i]」と記述する。また，配列の添字 i は 0 から始まることとする。

思 判 表　📖 p.104

(1) ①には数値を，②には不等号（＞または＜）を入れなさい。

(2) ③〜⑥に当てはまる数値と変数名の組み合わせとして正しいものをア〜エから選び，記号で答えなさい。

ア ③ 25　　④ 夏日　　⑤ 30　　⑥ 真夏日

イ ③ 30　　④ 真夏日　　⑤ 25　　⑥ 夏日

ウ ③ 25　　④ 真夏日　　⑤ 30　　⑥ 夏日

エ ③ 30　　④ 夏日　　⑤ 25　　⑥ 真夏日

※1 気温としてありえない小さい数値（−1000 などでも可）を初期値として代入しておき，繰り返し処理の中でより高い気温に更新していく。初期値を気温[0]としてもよい。

※2 このループの「（①）まで」とは「（①）に等しくなるまで」の意。例：0 から 3 まで：0, 1, 2, 3

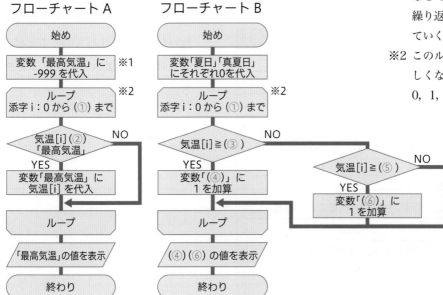

フローチャート A　　　フローチャート B

並べ替えプログラムを作成しよう 知 技 主態

📖 教科書 p.108〜109

1 アルゴリズムの検討

バブルソート（昇順の場合）のアルゴリズムを箇条書きで説明しよう。テキスト編 p.108 の **1** と **2** の説明文を参考に考えよう。

2 値の入れ替え

下図の【 】内に，2 または 5 を書き込もう。

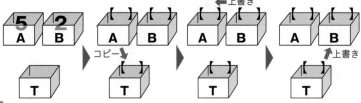

①開始　②Aの中身をTにコピー　③Bの中身をAに上書き　④Tの中身をBに上書き

3 プログラミング

下のチェックリストの順にプログラミングしてみよう。

※プログラミング作業の区切りや動作確認をするまとまりごとに色を変えている。

✓	作業項目	
	配列 num をサイズ 5，整数型として宣言	
	変数 i，j，tmp を整数型として宣言	
	A 列から Z 列までの列幅を 3 にセット	
	配列 num に 1 以上 20 以下の乱数を五つ格納	A
	A の Next 行の直前に MsgBox num(i) を入れ，動作確認（確認後に MsgBox の行は削除）	
	グラフ描画関数 Bar() を作成	B
	A の後に B の関数を呼び出し，グラフが表示されることを確認	
	入れ替え操作部分を作成	C
	1 廻り分の並べ替え部分を作成（教科書 p.108 緑色枠）	D
	4 廻り分の並べ替え部分を作成（教科書 p.108 青色枠）	
	プログラムを実行し，動作確認	

➡ 参考 **値の入れ替え**

バブルソートだけでなく，ほとんどのソートアルゴリズムは，二つの変数の値を入れ替えるという作業の繰り返しで実現される。一時退避用の変数（左図の T）を使って値を入れ替える手順をしっかりと理解しておこう。

➡ 参考 **動作確認**

最後まで一気に作成するのではなく，関数ごと，動作のまとまりごとなど，なるべく小さな単位を対象として動作確認を行いながら作り上げていくことが，最終的には効率のよいプログラミングとなる。

ジャンケンゲームを作成しよう 知 技 思 判 表 主態

📖 教科書 p.110〜111

① 判定の整理

テキスト編 p.110 の表をもとに，判定ごとの a − b の値を書き出そう。

判定（あなた）	a − b
勝ち	
負け	
あいこ	

② プログラミング

下のチェックリストの順にプログラミングしてみよう。

※プログラミング作業の区切りや動作確認をするまとまりごとに色を変えている。

✓	作業項目
	ユーザ定義関数 You() を作成
	テスト用プログラムを作成して実行し，動作確認
	```Sub Janken() Call You(1) End Sub```
	ユーザ定義関数 PC() を作成
	テスト用プログラムを作成して実行し，動作確認
	```Sub Janken() Call PC(1) End Sub```
	ユーザ定義関数 Judge() を作成
	テスト用プログラムを作成して実行し，動作確認
	```Sub Janken() y = InputBox("あなた") p = InputBox("PC") Call Judge(Int(y), Int(p), 1) End Sub```
	呼び出しもと（メイン）のプログラムを作成
	プログラムを実行し，動作確認

➡ 参考 ジャンケンの手の出し方の組み合わせは，3通り ×3通り＝9通りあるが，実習10では a − b の値(−2, −1, 0, 1, 2)で5パターンに分類してプログラムを作成した。

一方，(a − b + 3)を3で割った余りを使うと，下の表のように3パターンで分類でき，より短いプログラムで記述することができる。

判定（あなた）	(a − b + 3)を 3 で割った余り
勝ち	
負け	
あいこ	

このように，プログラムの実装方法は一通りではない。実装方法には一長一短があり，その都度適切な方法を選ぶ必要がある。

[（情Ⅰ 706）図説情報Ⅰ]準拠
図説情報Ⅰ　第4章VBA版＋ノート

本文デザイン
アトリエ小びん

●著作者──実教出版編修部

●発行者──小田良次

●印刷所──共同印刷株式会社

〒102-8377
東京都千代田区五番町5
電話〈営業〉（03）3238-7777
　　〈編修〉（03）3238-7785
　　〈総務〉（03）3238-7700
https://www.jikkyo.co.jp/

●発行所──実教出版株式会社

002302022　　　　　ISBN 978-4-407-35600-7